Lb 41 693

# ADRESSE

## DES CITOYENS ADMINISTRATEURS

### Du département de la Côte-d'Or,

*A lui joints deux membres de chaque Administration de District; un membre du Conseil général de chaque Commune chef-lieu de canton; un de chaque Tribunal de District, et ceux du Tribunal criminel.*

Dijon, le 18 juin 1793, l'an second de la république française.

## A LA CONVENTION NATIONALE.

REPRÉSENTANS,

Les administrateurs du département de la Côte-d'Or n'ont pas été insensibles à la nouvelle crise qui agite la France; mal instruits sur les événemens, étrangers à toute espèce de parti, fermes dans leurs principes, mais peu confians dans leurs forces, ils ont invoqué les lumieres de leurs concitoyens; ils ont appellé l'opinion publique à leur aide.

Ils s'étoient adjoints deux membres de chaque administration de district; ils ont voulu une plus grande réunion. Un député de chaque municipalité chef-lieu de canton, un de chaque tribunal civil, et le tribunal criminel, ont été convoqués, et viennent de se rendre auprès d'eux.

Représentans, nous n'avons point d'arrêtés à prendre; nous avons voulu nous consoler, nous instruire, nous fortifier dans la concorde qui nous a sauvés jusqu'alors : cette réunion est une véritable assemblée de famille.

A peine notre séance est-elle ouverte, que ces cris se font entendre : *la république, une, indivisible, démocratique, le regne absolu de la liberté et de l'égalité, la mort aux tyrans de toute espèce.*

Tels sont nos sentimens, tels sont, nous pouvons l'assurer, ceux de nos concitoyens du département : nos principes ne sont pas moins purs.

*Nous adhérons aux décrets de la Convention; nous la reconnoissons telle qu'elle est; nous nous y tiendrons toujours fermement attachés.*

Entendez maintenant nos vœux.

De toutes parts nos ennemis attaquent la république; leurs efforts, il est vrai, seront vains, car ces bases sont dans le cœur des Français; elles ne s'écrouleront qu'avec les restes du dernier de nous. Mais la fermeté de nos résolutions doit-elle nous attirer des malheurs plus durables? et cette génération n'auroit-elle que la triste expérience de mourir libre, sans avoir vécu républicaine!

Représentans, la république n'est qu'une chimere sans une constitution : hâtez-vous de l'achever; que ce code soit un monument éternel qui atteste nos efforts, nos vertus, notre triomphe.

C'est vers cette arche sainte, que tous les citoyens élevent d'avance leurs bras ; elle est l'objet de leurs vœux, comme elle sera le point de leur union.

Représentans, la patrie expirante vous demande à grands cris ce code, qui seul peut la régénérer : l'univers l'attend, comme le gage assuré du bonheur du genre humain. De si cheres espérances seroient-elles déçues ? Le désespoir seroit-il le fruit de tant de maux, de patience et de sacrifices ?

Un autre objet fixe en ce moment notre sollicitude : nos freres de plusieurs départemens s'agitent ; l'harmonie nationale se trouble ; des orages se forment de toutes parts ; ils semblent devoir enfanter la guerre civile ; ils présagent à la surface de la France, des flots de son propre sang.....

Ah ! représentans, n'est-ce pas assez que les cadavres de nos freres fassent sur nos frontieres un rempart à la liberté ! Faudra-t-il qu'ils s'amoncelent encore sur notre territoire !.... Ces idées nous font frémir....

Mais vous pouvez nous rassurer ; vous pouvez dès ce moment éteindre le feu qui s'allume, et rétablir le calme, qui doit être l'avant-coureur de la prospérité publique.

L'arrestation de plusieurs députés est le motif ou le prétexte de tous les mouvemens qui nous alarment, et qui seroient le prélude des plus grands malheurs. Pourquoi n'est-elle pas encore légale ?..... Tout citoyen doit être interrogé dans les vingt-quatre heures, lorsqu'il est arrêté ; et s'il est présumé coupable, il doit être livré aux tribunaux.

Ces détenus auroient-ils moins de droits à la justice, parce qu'ils sont représentans du souverain ? Que leur procès soit promptement fait, et qu'ils soient punis, s'ils sont coupables. Plus le caractere dont ils sont revêtus est grand, plus les formes doivent être solemnelles : ils appartiennent à la république, ils sont suspectés d'un délit national : c'est un tribunal national qui doit prononcer sur leur sort.

Organisez-le sans retard ; formez-le de jurés nommés par le peuple, de juges pris au sort dans les départemens ; que, revêtus du grand caractere de la justice nationale, ils soient hors de l'atteinte du plus léger soupçon de corruptibilité. Indiquez, pour leurs séances, un lieu que nul parti ne puisse craindre, et qu'ils terminent enfin une affaire qui prend chaque jour une teinte plus sinistre.

Tels sont nos vœux, représentans ; vous estimerez notre modération ; vous apprécierez notre délicatesse ; elle sera sans doute de quelque poids dans la balance qui doit peser la conduite de nos freres, qu'un excès de sensibilité a pu porter trop loin.

Vous le savez, les citoyens de la Côte-d'Or ne craignent pas la guerre ; ils savent vaincre leurs ennemis : mais ils aiment la paix, ils chérissent sur-tout leurs freres, et leur bonheur est essentiellement lié à celui de tous les Français.

Signé

*Benoist*, président du département.
*Raudot*, administrateur du district d'Arnay-sur-Arroux.
*Maréchal*, administrateur du district d'Arnay-sur-Arroux.
*Leflaive*, administrateur du district de Beaune.
*Minot*, maire à Saulx-la-Ville.
*Roignot*, officier public et municipal d'Aisey-sur-Seine.
*Chauveau*, maire de Laignes.
*Terre*, officier municipal de Rouvray.
*Anglade*, membre du conseil général de la commune de Villiers-le-Patras.
*Lechapt*, procureur de la commune de Bussy.
*Nageotte*, procureur de la commune de Vilaine-en-Duémois.
*Vallot*, procureur de la commune de Sombernon.
*Perille*, officier municipal de Fleurey.
*F. Moreau*, notable de Marcheseuil.
*Jean Perard*, officier municipal d'Arconcey.
*C. Gremeau*, officier municipal de Beaune.
*Bougault*, procureur de la commune de Vergy.

*Jean Fournier*, de Larçon, officier municipal du chef-lieu de canton de Salives.
*J. Laniez*, notable à Lantenay.
*Rabiet*, commissaire du canton de Pluveau.
*Mathiron*, administrateur du département.
*Claude Billard*, procureur de la commune du canton de Viévy, district d'Arnay-sur-Arroux.
*Veunevot*, notable à Vanvey.
*Rodier*, maire de Plombieres.
*Genret*, commissaire du canton de Gemeaux.
*Pereve*, de Molême, officier municipal de Molême.
*Berthelon*, officier municipal de Moutier-Saint-Jean.
*Thibaut*, juge du tribunal criminel, et député du tribunal d'Arnay.
*Poussy*, maire de la com. de Recey, chef-lieu de canton.
*Estienne*, administrateur du département.
*Lobreaut*, du canton de Corgoloin.
*F. Loriet*, officier municipal de Grancey.
*Bonnouvrier*, maire de Pouilly.
*Durey*, greffier du tribunal criminel.
*Moreau*, notable de Bligny-sur-Ouche.
*Debouvond*, notable de la commune de Savigny.
*Villemsens*, membre du directoire du district de Beaune.
*Baudouin*, maire de Normier.
*Derost*, officier municipal de Montigny-sur-Vingeanne.
*Gantheret*, notable de Meursange.
*Jeannin*, notable d'Argilly.
*Lemoine*, maire de la com. de Frolois, chef-lieu de canton.
*Desconclois*, officier municipal du canton de Meursault.
*Seroin*, memb. du cons. gén. de la com. d'Aignay-Côte-d'Or.
*Lardillon*, maire de Binges.
*Chatelain*, procureur de la commune de Mirebeau.
*Gille*, administrateur du district de Saint-Jean-de-Lône.
*J. Pannetier*, officier municipal d'Ivry.
*Gayard*, officier municipal de Bèze.
*Pion*, membre du conseil du département.
*Latour*, du canton de Corpeau.

*Martin*, administrateur du district de Dijon.
*Boullenot*, administrateur du département.
*Petit*, juge du tribunal criminel.
J. *Fermet*, d'Époisses, assesseur et notable.
J. B. *Rochet*, juge du tribunal d'Issurtille.
F. *Brille*, maire d'Aiserey.
B. *Guyot*, pr. notable du canton de Baigneux-les-Juifs.
*Bauzon*, de la municipalité de Mont-Saint-Jean.
A. *Merle fils*, maire de Seurre.
C. P. *Billequin*, maire de la ville d'Arnay-sur-Arroux.
*Carré*, notable de l'Abergement-lès-Seurre.
*Détallante*, officier municipal de la Margelle.
*Estienne*, maire du bourg de Fontaine-Française.
*Arvier l'aîné*, procureur de la commune de Vitteaux.
*Bornot*, officier municipal de Savoisy.
*Barbier*, officier municipal de Beaumont.
*Claude Couvert*, notable de Genlis.
*Courtier*, procureur de la commune de Rouvres.
*Morot*, notable de Bonnencontre.
*Émilien Blagny*, de Saint-Julien.
*Quentin Petitot*, notable de Châtillon-sur-Seine.
*Jacques Roussotte*, maire de la commune de Savouges.
*Leclerc*, procureur de la commune de Précy-sous-Thil.
*Jacob*, procureur de la commune d'Issurtille.
*Crepey*, maire de Château-neuf.
*Lerouge*, procureur de la commune de Pontailler.
*Pierre Oclair*, de Messigny.
*Carbillet*, juge du tribunal de Châtillon.
*Joseph Cattin*, de Nolay, médecin.
*Dautrey*, maire de Talmay.
*Masson*, administrateur du département.
*Tavernier*, maire de Bouze.
*Chaussier*, administrateur du département.
*Louis Maulbon*, administrateur du département.
*Couturier*, officier municipal de Minot.
*Pétrot*, membre du directoire du district de Semur.
*Theveneau*, vice-président du directoire du département.

*J. B. Philipot*, membre du directoire du département.
*Joannet*, notable d'Arc-sur-Tille.
*Bonneviot*, administrateur du district d'Issurtille.
*Joly*, maire de Semur.
*C. Janniard*, officier municipal de Quemigny.
*Jacques Bonnard*, maire de Liernais.
*Leaulté*, maire de Flavigny.
*Meot*, membre de l'administration du district d'Issurtille.
*Belime*, membre de l'administration du district de Semur.
*Carnot*, administrateur du département.
*Maniere*, juge de paix du canton de Veuvey.
*Guillemot*, juge du tribunal de Beaune.
*Chenal*, administrateur du département.
*Masson*, juge du tribunal de Saint-Jean-de-Losne.
*J. Clerc*, maire de Saint-Seine en montagne.
*Bizot*, administrateur du département de la Côte-d'Or.
*Buvée*, administrateur du département.
*Durand*, membre du conseil général de la commune de Nuits.
*Bermont*, maire de Gevrey.
*Latour*, juge de paix du canton de Merceuil.
*Carré*, administrateur du département.
*Boussard*, officier municipal de Saint-Jean-de-Losne.
*Vaillant*, administrateur du département.
*Laboureau*, procureur de la commune de Saulieu.
*H. P. Verdin*, administrateur.
*Dequervin*, vice-président du directoire de Châtillon.
*Carnot*, commissaire nation. près le trib. du dist. de Dijon.
*Vaudrey*, administrateur du départ. de la Côte-d'Or.
*F. Dagallier*, membre du directoire du département.
*J. P. Maret*, président de l'administration du dist. de Dijon.
*Opinel*, administrateur du département de la Côte-d'Or.
*M. A. Sirugue*, membre du directoire du département.
*Rigoley*, maire de Montbard.
*Hairon*, procureur de la commune de Selongey.
*Trullard*, président du tribunal criminel.
*H. N. E. Gouget*, administrateur.
*Moreau*, administrateur du département.

*Millet,* accusateur public.
*Garnier,* maire d'Auxonne.
*Jullien,* député d'Autricourt, officier public.
*Petit,* membre du directoire du département.
*F. Rouhier,* administrateur du département.
*Renard,* administrateur du district de Châtillon.
*Laroche,* maire de Montigny-sur-Aube.
*J. C. Dechamp,* administrateur du département, se reposant entiérement sur la Convention, pour ce qui concerne le jugement des membres arrêtés.
*Ant. J. Marandet,* administrateur du département.
*Chevignard,* administrateur du département.
*Rameau,* administrateur du département.
*Viardot,* proc.-gén.-synd. du départ. de la Côte-d'Or.
*H. M. P. Vaillant,* secrétaire-général du département de la Côte-d'Or.

# ADRESSE

## DES CITOYENS ADMINISTRATEURS

### Du département de la Côte-d'Or,

*A lui joints deux membres de chaque Administration de District; un membre du Conseil général de chaque Commune chef-lieu de canton; un de chaque Tribunal de District, et ceux du Tribunal criminel.*

Aux Administrateurs et Citoyens des Départemens de la République française.

Français nos freres,

Quelles agitations étonnantes menacent aujourd'hui la liberté du monde! Ce n'étoient pas les armes des despotes, ce n'étoient pas les troupeaux de leurs esclaves qui pouvoient lui porter atteinte : vingt-cinq millions d'hommes courageux l'avoient conquise : il suffisoit de leur volonté pour la conserver éternellement.

Mais ces mêmes hommes, ceux à qui elle doit le plus, ceux qui l'aiment peut-être davantage, par un excès d'amour pour elle, semblent se préparer à la détruire! Ah! nos freres, vous que vos vertus civiques nous font chérir, vous que votre énergie a fait admirer, arrêtez et écoutez :

Vos concitoyens de la Côte-d'Or vous parlent pour cette liberté, qu'ils aiment autant que vous ; pour la patrie, qu'ils adorent; pour votre bonheur, que leur sang ne paieroit pas assez.

Pardonnez, nos amis, au désordre de nos expressions : la douleur la plus profonde, l'intérêt le plus vif, l'amour le plus fraternel nous embrâsent à la fois. Nous ne voyons que des freres prêts à s'entr'égorger ; une patrie dont les enfans sont prêts à déchirer le sein ; le premier peuple du monde prêt à se déshonorer !

Quelques-uns d'entre vous font partir les suppléans de la Convention à Bourges;

D'autres convoquent les assemblées primaires ;

D'autres arrêtent les caisses publiques ;

Enfin, il en est qui veulent marcher sur Paris.

Recevez nos réflexions sur ces déterminations terribles : dites-vous, avant de les peser : ce sont nos freres qui nous parlent ; écoutez un moment la nature : fixez la patrie, et prononcez : voilà ce que nous exigeons de vous.

L'envoi de vos suppléans à Bourges, est irrégulier, il est dangereux.

Rappellez-vous que des suppléans n'ont eu que le pouvoir de remplacer tel ou tel individu manquant à la représentation : leur mission unique, celle qu'ils ont reçue du peuple, est de s'adjoindre à la Convention, d'en remplir un vuide ; c'est-là qu'elle se borne : pourquoi donc leur donnez-vous le pouvoir de former eux-mêmes une représentation, vous administrateurs, dont les fonctions sont limitées aux simples objets d'intérêt local et privé ?

Vos craintes, votre zèle vous emportent, nos amis : vous n'avez vu que des dangers ; vous vous êtes oubliés, vous avez oublié le peuple, et vous avez usurpé sa puissance, en voulant protéger ses droits !

Que feront à Bourges des suppléans de quelques sections de la république ? représenteront-ils celles qui désapprouveront même leur réunion ? quelles loix feront-ils ? qui les recevra ? qui les fera exécuter ? Vous ? — Mais si d'autres les rejettent, vous voilà donc isolés, vous voilà séparés de nous, vous voilà fédéralisés !

Nos concitoyens ! le fédéralisme répugne à des freres qui n'aiment rien sans l'union ; il répugne à nos sermens, il doit répugner aux vôtres.

Vous avez convoqué des assemblées primaires ; en cela, vous avez au moins évité la violation des droits du peuple : mais ces assemblées, que décideront-elles ? Approuveront-elles l'envoi des suppléans ? S'il étoit vrai, le même malheur se présente, l'isolement de leurs sections du reste de la république ; et cette idée fait frémir ses véritables partisans.

Une mesure plus pernicieuse, véritablement destructive de la liberté, de la république, de tous les Français, c'est la saisie des deniers publics dans quelques départemens. Concitoyens, vous ne voyez pas que votre ardeur à sauver la patrie, vous la fait assassiner ! que vous la livrez aux scélérats qui voudroient l'asservir ! que vous immolez nos freres qui la défendent avec tant de peine et de gloire ! Que deviendront nos armées, si vous leur enlevez vous-mêmes l'existence ? Bientôt, dénuées de munitions, d'habillemens, de vivres, elles n'auront donc plus que la ressource de l'homme vertueux, qui a juré de mourir libre, celle de s'arracher la vie, pour priver ses ennemis de ce barbare plaisir..... Nous vous abandonnons à votre humanité, à vos vertus.... portez plus loin vos regards, si vous l'osez.

Enfin, quelques départemens se disposent à marcher sur Paris......

Nos concitoyens ! huit cents mille individus qui l'habitent, ont-ils cessé d'être vos freres? Est-ce sur la ruine de cette superbe ville, est-ce sur les débris de tous les chef-d'œuvres des arts, est-ce sur les cadavres des hommes du 14 juillet, que vous croyez pouvoir fonder la liberté, assurer les destinées de la république? Ah! la nature s'indigneroit d'une pareille conquête; et croyez-nous, cette liberté-là ne seroit pas bien stable, qui seroit fondée sur le fratricide, qui conduiroit à la barbarie, qui ne se seroit fortifiée que par le sang et le carnage. Vous êtes hommes, vous êtes philosophes, et le massacre de nos freres vous ôteroit ces deux beaux titres.

Non, vous ne consommerez pas un plan aveuglément conçu, enfanté par le délire de la liberté; vos freres de la Côte-d'Or se le persuadent; vous êtes déja retenus.... et vous vous étonnez des excès auxquels un sentiment sublime, l'amour de la patrie, peut porter des hommes vertueux.

Mais s'il étoit vrai que votre enthousiasme fût telle, que les paroles fraternelles de vos amis de la Côte-d'Or ne pussent le calmer, eh bien! ils iront au-devant de vous, ils vous présenteront leurs corps découverts, et sans armes: frappez, vous diront-ils, frappez-nous, consommez votre sacrifice; vous voulez immoler la patrie, immolez-nous d'abord. Vous avez voulu la voir heureuse, vous voulez l'inonder de sang; versez le nôtre, s'il peut appaiser votre fureur, nous aurons bien mérité de la patrie, nous l'aurons peut-être sauvée, et nous aurons assez vécu.

Fait à Dijon, à la séance publique du conseil général de salut public du département de la Côte-d'Or, le 19 juin 1793, l'an second de la république française.

Signé *Benoist*, président. *H. M. F. Vaillant*, secrétaire général.

---

A DIJON, chez P. Causse, imprimeur du département. 1793.

www.ingramcontent.com/pod-product-compliance
Lightning Source LLC
Chambersburg PA
CBHW060620050426

**42451CB00012B/2355**